FALKEN BÜCHEREI

Holger M. Pritzer

DISCOFOX · ROCK'N'ROLL · BLUES · LANGSAMER WALZER
CHA-CHA-CHA ZUM SELBERLERNEN

TANZEN überall

FALKEN VERLAG

Wir danken der Tanzschule Bier, Wiesbaden, und den Mitwirkenden.
Zum Thema »Tanzen« erschienen im Falken-Verlag die Bücher
E. Fern, Wir lernen tanzen (Nr. 0200); G. Hädrich, Tanzstunde (Nr. 5018);
B. u. F. Weber, Disco-Tänze (Nr. 0491); W. Steuer u. G. Marz, So tanzt man Rock 'n' Roll (Nr. 0573).
Unter dem Titel »Tanzen überall« gibt es als Gemeinschaftsproduktion des Falken-Verlages und der Redaktion Freizeit im ZDF eine Videokassette mit den Bestellnummern 6004 (VHS), 6005 (Video 2000), 6006 (Beta 44).
»Tanzen überall« ist auch der Titel einer Schallplatte (LP CBS 26360) und Musicassette (MC CBS 4026360) in Chromqualität von CBS, nach deren Originalhits die in diesem Buch angeführten Tänze leicht zu erlernen sind.

CIP-Kurztitelaufnahme der Deutschen Bibliothek

Pritzer, Holger M.:
Tanzen überall: Discofox, Rock 'n' Roll, Blues / Holger M. Pritzer. [Fotos: A. Ruske]. –
Niedernhausen/Ts.: Falken-Verlag, 1985.
(Falken-Bücherei)
ISBN 3-8068-0760-4

ISBN 3 8068 0760 4

Titelbild: Axel Ruske; Ausstattung Fa. Bogey's, Wiesbaden
Fotos: Axel Ruske, Taunusstein 4
Illustrationen: Gabriela Hampel, Kelkheim
Die Ratschläge in diesem Buch sind von Autor und Verlag sorgfältig erwogen und geprüft, dennoch kann eine Garantie nicht übernommen werden. Eine Haftung des Autors bzw. des Verlages und seiner Beauftragten für Personen-, Sach- und Vermögensschäden ist ausgeschlossen.
Satz: LibroSatz, Kriftel
Druck: Offset-Team Zumbrink, Bad Salzuflen

817 2635 4453 6271

INHALT

Das getanzte Vorwort

Man soll die Feste feiern, wie sie fallen. Spontan, schnell, überraschend und überall da, wo sich eine Gruppe Menschen in guter Laune zusammenfindet. Seit Jahrhunderten sind Feste, Bälle oder Parties ohne Musik und ohne Tanz undenkbar. Bis zur Jahrhundertwende brauchte man zum Tanzen eine Kapelle, zumindest aber einige Musiker, die halbwegs musizieren konnten.
Nach der Erfindung der Schallplatte und des Abspielgerätes wurde die Musik transportabel, die Feste variabel. Jetzt erst konnten die Tanzbegeisterten in aller Welt zu Hause üben, was sie bei den Tanzveranstaltungen auf die Bretter legen wollten.

Heute sorgen riesige Kassettenrecorder mit eigener Stromversorgung für Super-Musik in hervorragender Qualität an jedem Ort der Welt. Denn noch immer ist Musik die wichtigste Voraussetzung zum Tanzen. Ein Partner gehört natürlich auch dazu.
»Tanzen überall« heißt dieses Buch und meint damit alle möglichen und unmöglichen Tanzorte dieser Welt: Gartenparty und Disco, Ball und Betriebsfest, Kegelabend, Weihnachtsfeier und Kellerfete.
»Tanzen überall« meint aber auch Tanzen »überall mit jedem«, zu jeder Musik – aktuell, spontan, einfach.
In diesem Buch soll weniger die Rede von der Linksdrehung im Slowfoxtrott, von der Promenade im Tango oder von Cucarachas sein, als vielmehr von den Tänzen und Musiken, die wirklich »überall« getanzt und gespielt werden. Musik und Tanz sind untrennbar mit-

einander verknüpft. Sollten einmal die populären Schallplatten überwiegend im Dreivierteltakt geschrieben werden, wird eine Walzerwelle über uns hereinbrechen. Zur Zeit jedoch wird der Viervierteltakt in Discos oder auf Parties am häufigsten gespielt. Die nach diesem Buch zu lernenden Tänze werden nicht als populäre Tänze vorgeschrieben; sie sind es allein aufgrund der aktuellen Musik: Rock 'n' Roll, Discofox und Blues.
Natürlich sind Tänze wie Quickstep, Tango, Wiener Walzer, Rumba oder Samba wichtig. Doch sie sollen hier ausgeklammert werden, denn sie benötigen mehr Voraussetzungen, als »Tanzen überall« sie fordert: andere Musik, andere Tanzpartner.
»Tanzen überall« richtet sich nach der aktuellen und populären Musik und nach dem Bedürfnis, überall zu den Hits von heute zu tanzen.
Dies soll nicht heißen, daß die vorhandenen Gesellschaftstänze auf drei zusammengestrichen werden. Die drei für »Tanzen aktuell« ausgesuchten Tänze sind wegen ihrer Aktualität und Popularität eher als »Einsteiger« für weiteres Lernen der Gesellschaftstänze gedacht; denn Tanzen ist noch immer das schönste Hobby für zwei Partner. Und außerdem werden am Ende des Buches noch zwei weitere Tänze in ihren Grundzügen beschrieben.
Wenn Sie die wenigen in diesem Buch dargestellten Schritte beherrschen, werden Sie im Partykeller, auf einem Balkon, in der überfüllten Disco, auf der Weihnachtsfeier überall dabeisein – als aktiver Tänzer, als gefragte Partnerin.

Tanzen macht Spass

Wichtigste Voraussetzungen zum Tanzen sind ein wenig Platz, ein netter Partner, etwas Zeit, Musik und ein bißchen Begabung.
Apropos Begabung: Können Sie vorwärts gehen? Rückwärts gehen? Seitwärts gehen? Einen Fuß ohne Belastung mal hierhin, mal dorthin stellen? Können Sie die Füße schließen? Auseinanderstellen? Schließlich noch einen Kreis auf der Stelle drehen? Haben Sie alles mit »ja« beantwortet? In Ordnung, dann können Sie auch tanzen.

Alle tänzerischen Bewegungen sind dem normalen Bewegungsablauf abgeschaut. Nichts anderes als Seit-Vorwärts- und Rückwärts-Schritte werden miteinander kombiniert und rhythmisch, teilweise im Drehen, gesetzt. Das hört sich ganz einfach an. Ist es auch; man muß es allerdings im Gleichklang mit dem Partner tun. Sie können die Schritte auch allein lernen; mehr Spaß macht es aber zu zweit oder zu viert. Dann ist auch gleich eine Kontrolle da, ob Sie sich einen Fehler eintanzen oder nicht.
Wenn Sie der Spaß am Tanzen gepackt hat, und Sie gern weitermachen wollen, empfehle ich Ihnen den Besuch einer ADTV-Tanzschule.
Erfolgreich lernen können Sie aber auch mit den weiterführenden Büchern, die zum Thema Tanzen im Falken-Verlag erschienen sind:
E. Fern, Wir lernen tanzen (Nr. 0200)
G. Hädrich, Tanzstunde (Nr. 5018)
B. und F. Weber, Disco-Tänze (Nr. 0491)
W. Steuer und G. Marz, So tanzt man Rock 'n' Roll (Nr. 0573)

Die etwa 700 deutschen Tanzschulen sind im ADTV (Allgemeiner Deutscher Tanzlehrer-Verband) zusammengeschlossen. Die Tanzschulen dieses Verbandes unterrichten alle die gleichen Tänze in hervorragender Qualität. Hier lernen Sie alle Tänze des Welttanzprogrammes.

Das Welttanzprogramm wird in der Bundesrepublik Deutschland nur von ADTV-Tanzschulen gelehrt. Es umfaßt: Foxtrott (Quickstep), Langsamer Walzer, Tango, Wiener Walzer, Cha-Cha-Cha, Rumba, Samba, Rock 'n' Roll, Paso-Doble, Discofox, Blues. Durch dieses festgelegte Programm wird garantiert, daß zum Beispiel alle Tänze mit demselben Fuß begonnen werden und alle Grundschritte gleich sind. Der Vorteil liegt auf der Hand, Verzeihung, auf dem Fuß: Ein Mainzer kann sofort mit einer Münchnerin, eine Hamburgerin mit einem Frankfurter tanzen, wenn beide das Welttanzprogramm gelernt haben.

Auch dieses Buch hält sich an das Welttanzprogramm. Wenn Sie das Buch tänzerisch durchgearbeitet haben, finden Sie in einer ADTV-Tanzschule problemlos Anschluß.

Von den oben angegebenen Tänzen finden Sie in diesem Buch ausführlich beschrieben:

Discofox, Rock 'n' Roll, Blues sowie eine Einführung in den Langsamen Walzer und in den Cha-Cha-Cha.

VIDEO ALS »VORTÄNZER«

Der einfachste Weg zum Erlernen des Tanzens ist seit Generationen der Weg des Nachahmens. Dabei wird Schritt für Schritt vorgezeigt, Sie kopieren das Gezeigte so lange, bis Sie es ohne Vortänzer beherrschen.
Es gibt verschiedene Möglichkeiten, etwas nachzuahmen. Außer einem Vortänzer kann auch ein Buch mit vielen Bildern, wie Sie es hier in der Hand halten, Ihr Vorbild sein. Wenn Sie die hier notierten Schritte häufig kopieren, werden Sie sicher zum gewünschten Erfolg kommen.

Schneller und besser allerdings lernen Sie tanzen, wenn Sie zusätzlich eine Erklärung und Demonstration über Video erhalten.
Parallel zu diesem Buch ist ein Videofilm mit demselben Inhalt erschienen. Erfahrene Fachkräfte haben ein farbiges, bewegliches Lehrbuch geschaffen, mit dessen Hilfe man im Schnellverfahren Tanzen lernen kann.
Jeder Schritt, jede Figur wird langsam zum Mitlernen erklärt. Fehler werden gezeigt und korrigiert. Ein Tanzlehrer zählt laut und deutlich ohne und mit Musik in verschiedenen Geschwindigkeiten mit.
Durch dieses Buch und den Videofilm werden Sie zum sicheren Tänzer oder zu einer beliebten Tänzerin. Buch und Video wurden vom selben Autor geschrieben und sind im Schrittmaterial identisch aufgebaut.
Video als »Vortänzer« ist der bislang neueste Helfer, um außerhalb der ADTV-Tanzschule Tanzen zu lernen.

Die Videokassette »Tanzen überall« ist eine Gemeinschaftsproduktion des Falken-Verlages und der Redaktion Freizeit im ZDF. Bestellnummern: 6004 (VHS), 6005 (Video 2000), 6006 (Beta 44).

DIE MUSIK

Tanzen ist untrennbar mit Musik verbunden, Tanzen lernt man nicht ohne die richtige Musik.
»Tanzen überall« zeigt die Tänze, deren Musik Sie tagtäglich im Radio hören können, wann immer Sie es einschalten.
80 Prozent der populären Musik sind $4/4$-Discobeat, Rock 'n' Roll, Blues-Musik. Das ist genau die Musik, die Sie für die Tänze dieses Buches brauchen.
Nur – welche Musik für welchen Tanz? Stimmt das Musiktempo? Sind Sie im richtigen Takt?
Ich könnte Ihnen eine Menge geeigneter Schallplatten auflisten, die für die drei Tänze von »Tanzen überall« am besten geeignet wären; dies ist aber überflüssig, denn parallel zu Buch und Videofilm wurde eine Schallplatte produziert, deren Titel hervorragend für Discofox, Rock 'n' Roll und Blues geeignet sind.
Diese Schallplatte heißt auch »Tanzen überall«. Auf ihr sind sechs tolle Rock 'n' Roll-Titel, sechs phantastische Discofox-Musiken sowie einige langsame Blues-Melodien mit hervorragendem klaren Rhythmus kombiniert.
Alle Musiken sind genau gekennzeichnet mit dem dafür passenden Tanz, der Geschwindigkeit und dem Rhythmus. Mit Hilfe dieser Platte sind die Tänze von »Tanzen überall« leicht zu erlernen. Sie ist auch als Partyplatte einzusetzen. Diese Schallplatte erhalten Sie in allen Schallplattengeschäften sowie im Buchhandel.

Die CBS-Schallplatte (LP CBS 26360) und Musicassette (MC CBS 4026360) für »Tanzen überall« sind überall erhältlich, wo es Schallplatten gibt.

DAS MITEINANDER

DIE TANZHALTUNG

Beim Paartanzen ergeben sich zwangsläufig einige Berührungspunkte, denn über die körperlichen Kontaktstellen werden zwei Personen erst in die Lage versetzt, miteinander zu tanzen. Die gemeinsame Tanzhaltung soll zwei Aufgaben erfüllen:

1. Wenn Sie mit Schwung, also raumgreifend tanzen wollen, helfen Ihnen Ihre Arme beim Ausbalancieren, damit Sie sich nicht auf den Partner stützen müssen.
2. Ohne körperlichen Kontakt müßten Sie und ihr Partner einander ständig zurufen, was oder wohin Sie tanzen wollen. Die Führung erfolgt also auch über die Tanzhaltung.

In jedem anderen Tanzbuch folgt jetzt eine ellenlange Abhandlung über die Tanzhaltungen. Hier sollen sie Ihnen so einfach wie möglich erklärt werden. Wenn Sie auch kein Turniertänzer werden wollen, so müssen Sie doch einige der Grundregeln beherrschen:

1. Wenden Sie niemals Gewalt und rohe Kraft an. Pressen Sie weder die Hände zusammen noch Ihren Partner an sich. Ein gewisser Druck ist zum Führen wichtig. Er sollte jedoch niemals so stark sein, daß der Partner aus dem Gleichgewicht fallen kann.
2. Es gibt keine Tanzhaltung, die immer, überall und bei jedem Tanz anzuwenden wäre, eine Universalhaltung also. Ihre persönliche Tanzhaltung ist abhängig vom Bekanntheitsgrad zum Partner, vom Tanz, den Sie tanzen, vom Ort, vom Temperament oder vom Tempo.

Auf den nächsten Seiten werden die wichtigsten Tanzhaltungen und Berührungspunkte mit Bildern erklärt. Versuchen Sie soviel wie möglich davon zu beherzigen, und Ihnen wird das Gefühl für die Art der Haltung von alleine kommen.

1. Standardhaltung

2. Lateinhaltung

3. Discofox-Haltung

4. Blueshaltung 1

5. Blueshaltung 2

6. Auf vollen Tanzflächen

Beim **Discofox** stehen die Partner einander in einem leichten »V« gegenüber. Die Dame hält sich nicht am Partner fest.

1. Tanzhaltung von vorn

2. Haltung von der Seite (Discofox)

3. Haltung von hinten (Discofox)

4. Fußstellung (Discofox)

5. Ihre Hände bilden ein Dach

6. Auffangen des Schwungs

Die nächste Tanzhaltung für den **Rock 'n' Roll** ist die einfachste, denn bei Beginn stehen Sie einander nur gegenüber und geben sich eine Hand.

1. Anfang von vorn

2. Anfang von der Seite

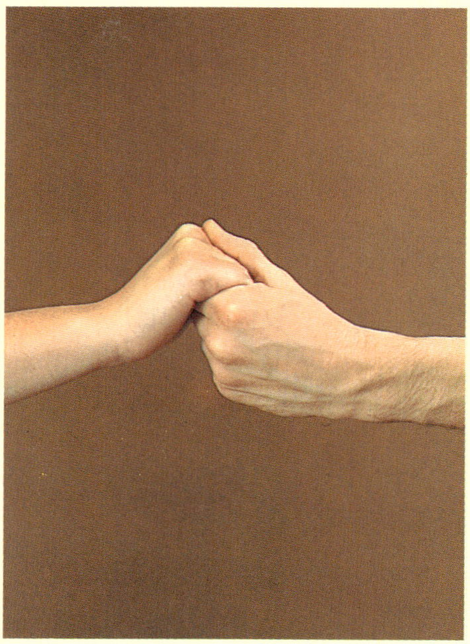

3. Handhaltung (Rock 'n' Roll)

4. Zwischen Figuren (Rock 'n' Roll)

Dritte und letzte Tanzhaltung für dieses Buch ist die Haltung für den **Blues;** hier hängt besonders viel vom Grad der Zuneigung für Ihren jeweiligen Partner ab.

1. Offizielle Blues-Haltung

2. Blues auf engem Raum

3. Private Blues-Haltung

4. Haltung für stille Stunden

DIE FÜHRUNG

Sicher könnte man aus dem Kapitel der Führung eine Diskussion über die Emanzipation entwickeln. Die Führung liegt beim Herrn, die Dame soll folgen. Alle Tänze, Figuren und tänzerische Abläufe sind auf dieses Prinzip abgestimmt.

Wem dieses System nicht zusagt, dem empfehle ich, die Schritte komplett zu tauschen, dann tanzt der Herr den Damenschritt und die Dame den Herrenschritt.

Spaß beiseite, das Führen und Folgen ist sicherlich das Schwierigste beim Tanzen.

Wieviel Druck und Gegendruck sowie Spannung in den Armen sein soll, ertanzt man sich erst durch Übung. Meine Herren – halten Sie Ihre Kraft über den gesamten Tanz immer gleich, erlahmen Sie nicht, geben Sie den Damen das Gefühl, stets sicher in Ihren Armen zu sein! Sie müssen sehr früh wissen, welche Figuren Sie tanzen wollen und wie Sie diese den Damen anzeigen. Die rechte Herrenhand auf dem Rücken der Dame gibt sehr viele Impulse, die linke Herrenhand bestimmt Anzahl und die Weite der Drehungen. Solange Sie – auch ohne großes Figurenmaterial – überzeugend und sicher tanzen, wird Sie jede Dame für einen göttlichen Tänzer halten.

Für Damen gilt es, sich so federleicht wie möglich zu machen. Fallen Sie Ihrem Herrn nicht zur Last. Stützen Sie sich niemals auf ihn, sondern versuchen Sie, den Rhythmus zu erfühlen. Bleiben Sie die ganze Zeit unter körperlicher Spannung und reagieren Sie auf seine Aktionen.

DAS LERNEN

DIE TANZRICHTUNG

In den Ballsälen dieser Welt tanzt man gegen den Uhrzeigersinn. Tänzer, die das nicht verstehen und sich nicht einordnen, sorgen für Probleme, Zusammenstöße und für manch wundes Schienbein.
»Tanzen überall« ist nicht für Ballsäle konzipiert, sondern für das spontane Tanzen je nach Gelegenheit. Fast immer ist dabei die Größe der Tanzfläche eingeschränkt, fast immer zu klein. Alle Figuren dieses Buches lassen sich fast auf der Stelle tanzen, weniger als ein Quadratmeter reicht zur Ausführung aller Tänze.
Natürlich können Sie auch alle Figuren leicht abwandeln, damit sie auf die jeweilige Fläche passen. Nehmen Sie die Tänze und Figuren dieses Buches und tanzen Sie drauflos. Überall. Einfach so.

Tanzen kann man überall in Ihrer Wohnung – im ausgeräumten Eßzimmer, im Partykeller, auf der Terrasse, im Flur – wichtig ist nur, daß Sie einen nicht zu stumpfen, also hochflorigen Teppich als »Lernparkett« gewählt haben.
Doch bevor Sie das Tanzbein schwingen, machen Sie sich mit den Zeichnungen und Fotos dieses Buches vertraut. Auf der folgenden Seite finden Sie eine leicht verständliche Tabelle mit Erklärungen aller Fußdarstellungen und Abkürzungen.
Dieselben Zeichen finden Sie später in den Tabellen für die verschiedenen Tanzschritte wieder. Dort sind die Zeichen nach der Reihenfolge der Schritte numeriert. In den Tabellen für die Dame stehen die Füße »auf dem Kopf«, damit das Gegenüber zur Schrittfolge des Herrn deutlicher wird.
Zuerst aber prägen Sie sich die Zeichen auf der nächsten Seite ein wenig ein. Da Sie das leicht schaffen, brauchen Sie später beim Tanzenlernen nur noch selten zur Tabelle zurückzublättern.

Zeichenerklärung

Rechter Fuß/Herr
Rechter Fuß unbelastet/Herr
Rechter Ballen unbelastet/Herr
Linker Fuß/Herr
Linker Fuß unbelastet/Herr
Linker Ballen unbelastet/Herr

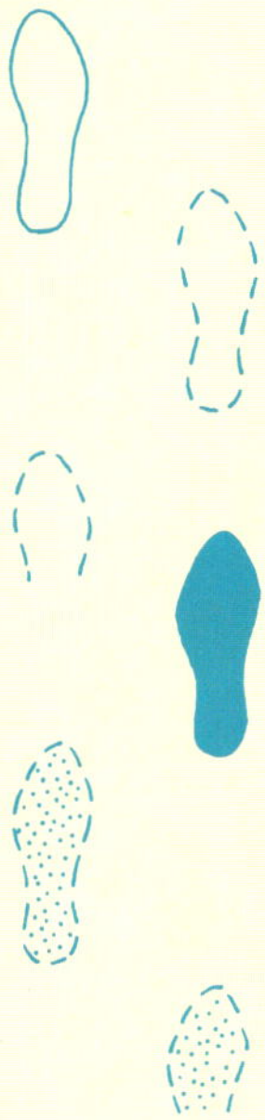

Rechter Fuß/Dame
Rechter Fuß unbelastet/Dame
Rechter Ballen unbelastet/Dame
Linker Fuß/Dame
Linker Fuß unbelastet/Dame
Linker Ballen unbelastet/Dame

Bewegungsrichtung des Fußes →

Drehbewegung des Fußes ↷

Abkürzungen

+	halber Taktteil
Ü	Übung
AS	Ausgangsstellung
LF	Linker Fuß
RF	Rechter Fuß
o.G.	ohne Gewicht
P.P.	Promenaden-Position
TR	Tanzrichtung
TH	Tanzhaltung
S	Schnell (ein Taktteil)
L	Langsam (zwei Taktteile)
li	links
re	rechts

Schritt für Schritt

Sie sollten die Figuren möglichst in der abgedruckten Reihenfolge lernen, da die eine oder andere Drehung auf die vorherige aufbauen kann. Muten Sie sich am Anfang nicht zuviel zu. Beherrschen Sie lieber zwei Figuren richtig und sicher, statt beim Tanzen mit dem Partner zu diskutieren oder gar zu streiten. Und nicht vergessen: Tanzen macht Spaß! Auch wenn aus Versehen mal ein Schuh auf dem Fuß des Partners landet. Und nun geht es richtig los.

1. Sie und ihr Partner sollten sich jetzt aus den drei vorliegenden Tänzen einen aussuchen und zunächst mit dem Grundschritt beginnen. Einer von Ihnen sollte die Schrittbeschreibung laut vorlesen.

2. Jetzt sehen Sie sich die Bilder an, vergleichen Sie mit den schwarzen und hellen Füßen der Diagramme und versuchen, die Figur zu verstehen. Vielleicht schließen Sie kurz die Augen und stellen sich den Ablauf einmal vor.

3. Sie und Ihr Partner sollten jetzt jeder für sich allein die Schritte durchüben. Versuchen Sie gleich von Anfang an die Geschwindigkeit, also die Kommandos kurz und lang, zu berücksichtigen.

4. Wenn Sie jetzt beide, ohne Buch, Ihre Schritte beherrschen, versuchen Sie es zusammen. Einigen Sie sich darauf, wer laut mitzählt. Sie tanzen die Figur ein paarmal hintereinander durch beziehungsweise abwechselnd mit dem Grundschritt; die Figurenkombinationen sind immer erklärt.

5. Noch immer guten Mutes? Na dann mit Musik. Legen Sie Ihre »Tanzen überall«-Schallplatte auf, und zwar im richtigen Tanz mit der langsamsten Taktzahl pro Minute, und tanzen Sie los. Einer von Ihnen sollte noch immer laut mitzählen. Wenn Sie die Original-Schallplatte für dieses Lernbuch nicht haben, nehmen Sie irgendeine passende Schallplatte. Drehen Sie aber Ihren Schallplattenspieler, wenn möglich, etwas langsamer (Pitch-Control).

Discofox

Ganz sicher ist der Discofox einer der wichtigsten Tänze der achtziger Jahre. Ihn kann man nahezu überall tanzen; fast jeder beherrscht zumindest den Grundschritt. Er ist ungeheuer einfach; auch rhythmisch gibt es keine Probleme. Fast jeder populäre mittelschnelle Song eignet sich als Musik für diesen Tanz.

Der Discofox hieß in den 70er Jahren Beatfox. Er entwickelte sich aus dem Foxtrott, als die Swingmusik seltener und der gleichmäßige 4/4-Beat häufiger zu hören war. Wer noch Schieber oder Swing tanzen kann, wird sich beim Discofox daran erinnert fühlen.

Parallel zu dem deutschen Discofox entwickelten sich in Amerika der Hustle, Disco-Hustle, Latin-Hustle und viele ähnliche Tänze. Von ihnen wurden viele Figuren in unseren Discofox übernommen; sie machten ihn noch abwechslungsreicher und schöner.

Der größte Vorteil des Discofox liegt in seinem geringen Platzbedarf. Fast alle Figuren lassen sich auf einem Minimum an Platz durchführen. Das Paar bewegt sich, wenn es nicht will, nicht von seinem Platz.

Discofox

Takt

¼ - Takt

Musik

Auf der LP »Tanzen überall« die Titel
Feels like heaven (Fiction Factory)
Moonlight shadow (Mike Oldfield)
Sun of Jamaica (Goombay Dance Band)
Vamos a la Playa (Reigheira)
Precious little diamonds (Fox the Fox)
I like Chopin (Gazebo)
Do you really want to hurt me (Culture Club)
Bad Boys (Wham)
oder jeder andere beliebige Titel im Discorhythmus.

Tempo

Zum Lernen so langsam wie möglich. Später ist jedes Tempo möglich, das von dem Paar durchgehalten werden kann. Beginnen Sie mit dem Titel, der die geringste Taktzahl pro Minute hat.

Tanzrichtung

Es gibt keine festgelegte Tanzrichtung. Sie können alle Figuren beginnen und enden, wie Sie möchten. Für den Anfang empfiehlt sich eine Wand des Übungsraumes als Ausgangspunkt.

Tanzhaltung

Sie wurde schon ausführlich im Anfangsteil dieses Buches erklärt. Ergänzend sei noch dieses erwähnt: Wenn Sie den Grundschritt beherrschen, sollten Sie bei einem Tap-Schritt Ihre Paar-Position etwas öffnen und bei den beiden nächsten Schritten wieder etwas schließen. Durch diesen Trick bewegen sich die beiden Partner bei jedem Grundschritt wie an einem Gummiband aufeinander zu und voneinander weg.

Schrittverbindungen

Ü	2 x Grundschritt 1 x Damensolo hin und her
Ü	2 x Grundschritt 1 x Damensolo hin und her 1 x streicheln lassen, 1 x Damensolo zurück, 1 x zurück in den Arm
I	2 x Grundschritt 1 x Damensolo hin und her 1 x streicheln lassen, 1 x Damensolo zurück 1 x streicheln lassen, 1 x Damensolo zurück

II 2 x Grundschritt
1 x Damensolo hin und her
1 x einrollen, 1 x ausrollen
1 x in die Brezel,
1 x aus der Brezel
1 x zurück in den Arm

I+II 2 x Grundschritt
1 x Damensolo hin und her
1 x streicheln lassen,
1 x Damensolo zurück
1 x streicheln lassen,
1 x Damensolo zurück
1 x zurück in den Arm
2 x Grundschritt
1 x Damensolo hin und her
1 x einrollen, 1 x ausrollen
1 x in die Brezel,
1 x aus der Brezel
1 x zurück in den Arm

Alle Figuren sind natürlich auch anders miteinander kombinierbar. Ich empfehle Ihnen jedoch, die mit Folge I und Folge II gekennzeichneten Figuren in dieser Reihenfolge einzuüben. Wenn Sie später sicher sind, können Sie die Folgen I und II auch unmittelbar nacheinander tanzen.

Lernhilfe

Bevor Sie den Grundschritt erlernen, sollten Sie folgende Vorübung machen: Der Herr tanzt zwei Schritte vorwärts (links rechts), setzt dann den linken Fuß unbelastet neben den rechten, dann geht er zwei Schritte rückwärts (links rechts) und setzt wieder den linken Fuß neben den rechten Fuß. Diese Übung oft wiederholen, dabei zählen: laufen, laufen tap – laufen, laufen, tap, usw. Die Dame tanzt das gleiche, aber mit dem rechten Fuß beginnend.
Wenn Sie diese Vorübung beherrschen, werden Sie den Grundschritt und die Figuren leichter erlernen.
Wenn Sie die Schritte und Figuren beherrschen, dann gehen Sie bitte richtig aus sich heraus. Toben Sie sich bei diesem Tanz aus!

GRUNDSCHRITT

Herr	Welcher Fuß	Richtung, Bewegung, Ausführung	Rhythmus	Zählhilfe
1	LF	auf der Stelle	L	Platz
2	RF	auf der Stelle	L	Platz
3	LF	tap diagonal rückwärts	L	tap
4	LF	auf der Stelle	L	Platz
5	RF	auf der Stelle	L	Platz
6	LF	tap diagonal rückwärts	L	tap

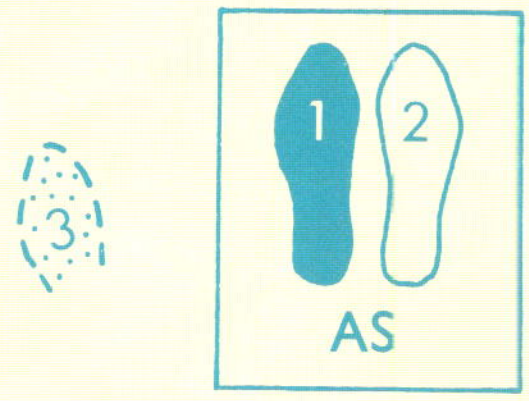

Dame	Welcher Fuß	Richtung, Bewegung, Ausführung	Rhythmus	Zählhilfe
1	RF	auf der Stelle	L	Platz
2	LF	auf der Stelle	L	Platz
3	RF	tap diagonal rückwärts	L	tap
4	RF	auf der Stelle	L	Platz
5	LF	auf der Stelle	L	Platz
6	RF	tap diagonal rückwärts	L	tap

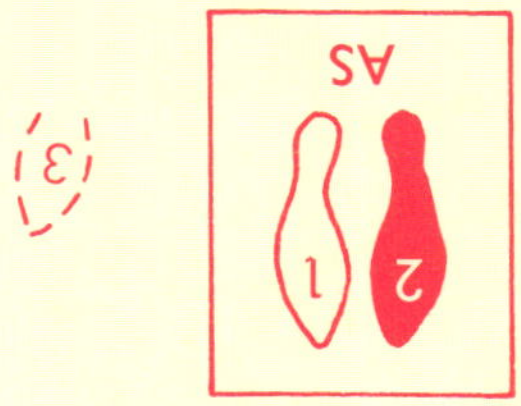

Discofox
GRUNDSCHRITT

2 Platz L

1 Platz L

3 tap L

4 Platz L

5 Platz L

6 tap L

DAMENSOLO HIN UND ZURÜCK

Herr	Welcher Fuß	Richtung, Bewegung, Ausführung	Rhythmus	Zählhilfe
1	LF	vorwärts – etwas nach links drehen + linker Arm hoch	L	Dame
2	RF	seitwärts – weiter etwas nach links drehen	L	dreht
3	LF	tap diagonal rückwärts	L	tap
4	LF	seitwärts – dabei etwa auf den alten Platz zurückdrehen,	L	Dame
5	RF	rückwärts – Dame dreht unter dem linken Arm zurück	L	dreht
6	LF	tap diagonal rückwärts	L	tap

Führung:
Der Herr hebt leicht den linken Arm, gibt einen leichten Druck mit der rechten Hand auf ihr Schulterblatt; damit zeigt er ihr die Bewegungsrichtung an.
Da Sie sich nach dem Damensolo »offen« gegenüberstehen, müssen Sie, wenn keine andere Figur folgt, mit dem nächsten Grundschritt die Dame zurück in Tanzhaltung ziehen.

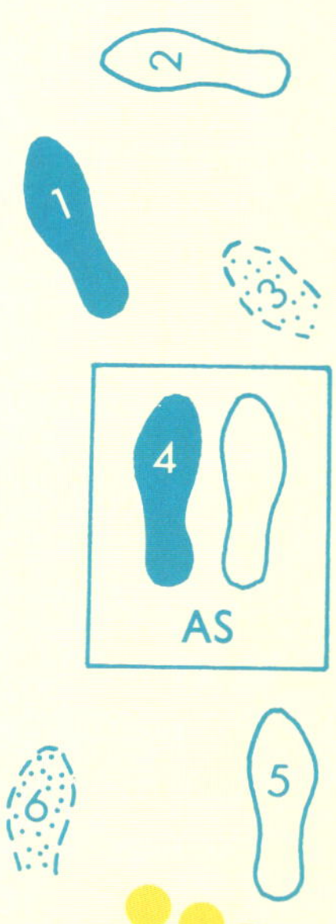

Dame	Welcher Fuß	Richtung, Bewegung, Ausführung	Rhythmus	Zählhilfe
1	RF	vorwärts im Rechtsdrehen unter dem Herrenarm tanzen	L	Dame
2	LF	rückwärts	L	dreht
3	RF	tap diagonal rückwärts	L	tap
4	RF	vorwärts im Linksdrehen unter dem Herrenarm tanzen	L	Dame
5	LF	rückwärts	L	dreht
6	RF	tap diagonal rückwärts	L	tap

Lassen Sie Ihre Hände beim Drehen locker! Gehen Sie mutig vorwärts und versuchen den Trick der Drehung, die »zwischen« Schritt 1 + 2 (4 + 5) liegt, herauszubekommen.

Discofox

DAMENSOLO HIN UND ZURÜCK

1 Dame … L

2 … dreht hin L

3 tap L

4 Dame... L

5 ...dreht zurück L

6 tap L

STREICHELN LASSEN

Herr	Welcher Fuß	Richtung, Bewegung, Ausführung	Rhythmus	Zählhilfe
1	LF	vor-wärts – rechte Hand über die gefaßten Hände beginnen nach links zu drehen	L	streicheln
2	RF	rückwärts – 1/2 Linksdrehung, linke Hand lösen, wieder fassen	L	lassen
3	LF	tap diagonal rückwärts	L	tap
4	LF	vorwärts – linker Arm hoch, beginnen nach rechts zu drehen	L	drehen
5	RF	rückwärts – mit einer 1/2 Rechtsdrehung	L	drehen
6	LF	tap diagonal rückwärts	L	tap

Beim ersten Schritt legt der Herr ihre rechte Hand in seine Taille, bei der Drehung bleibt sie da; danach wieder anfassen; während der Figur werden 2x die Plätze getauscht, bitte mutig vorwärts gehen und »zwischen« Schritt 1 + 2 und 4 + 5 die Drehung tanzen.
Diese Figur können Sie nur <u>*nach*</u> *einem Damensolo hin + zurück tanzen, wenn Sie sich offen gegenüberstehen.*

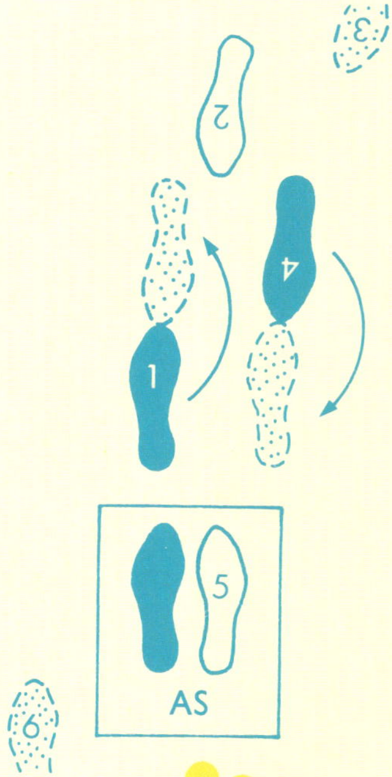

Dame	Welcher Fuß	Richtung, Bewegung, Ausführung	Rhythmus	Zählhilfe
1	RF	vorwärts links am Herrn vorbei, um ihn herumlaufen, dabei	L	streicheln
2	LF	rückwärts zwischen Schritt 1 + 2 halbe Rechtsdrehung	L	lassen
3	RF	tap diagonal rückwärts	L	tap
4	RF	vorwärts dabei Linksdrehung unter dem Arm des Herren zwischen	L	drehen
5	LF	rückwärts Schritt 4 + 5	L	drehen
6	RF	tap diagonal rückwärts	L	tap

Zwischen dem Schritt 1 + 2 legen Sie Ihre Rechte in seine Taille.
Achtung – bei 1–3 Rechtsdrehung, bei 4–6 Linksdrehung

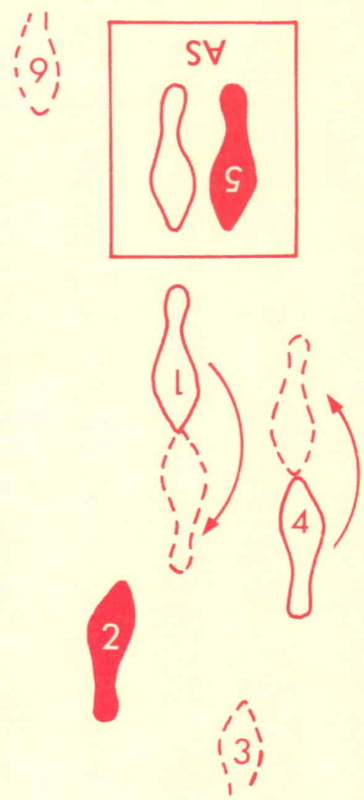

Discofox

STREICHELN LASSEN

2 ...lassen L

1 streicheln... L

3 tap L

4 drehen L

5 drehen L

6 tap L

EIN- UND AUSROLLEN

Herr	Welcher Fuß	Richtung, Bewegung, Ausführung	Rhythmus	Zählhilfe
1	LF	auf der Stelle zuerst linker Arm hoch, damit die Dame drehen kann	L	ein-
2	RF	auf der Stelle linker Arm runter, Dame ist eingerollt	L	rollen
3	LF	tap diagonal rückwärts	L	tap
4	LF	auf der Stelle zuerst linker Arm hoch, damit die Dame drehen kann	L	aus-
5	RF	auf der Stelle linker Arm runter, Dame ist ausgerollt	L	rollen
6	LF	tap diagonal rückwärts	L	tap

Vor dieser Figur tanzen Sie am besten ein Damensolo hin + zurück, dann geben Sie sich alle vier Hände locker, Abstand etwa 80 cm. Die rechte Hand des Herrn bleibt während der Drehung in Taillenhöhe der Dame.
Danach tanzt man am besten die Brezel (oder wieder Damensolo).

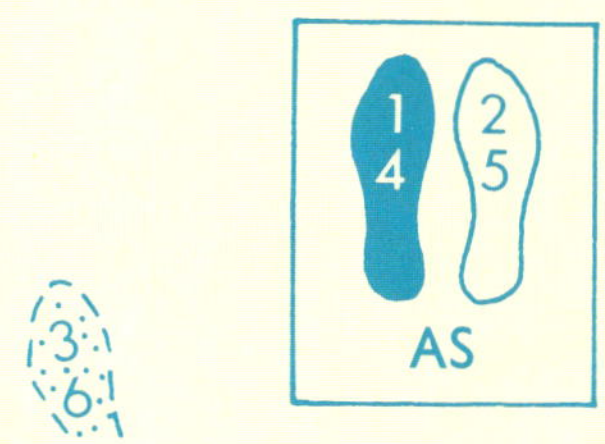

Dame	Welcher Fuß	Richtung, Bewegung, Ausführung	Rhythmus	Zählhilfe
1	RF	vorwärts mit einer 1/2 Linksdrehung in den Herrenarm	L	ein-
2	LF	rückwärts genau neben den Herrn	L	rollen
3	RF	tap diagonal rückwärts	L	tap
4	RF	vorwärts mit einer 1/2 Rechtsdrehung aus dem Herrenarm	L	aus-
5	LF	rückwärts in Gegenüberstellung	L	rollen
6	RF	tap diagonal rückwärts	L	tap

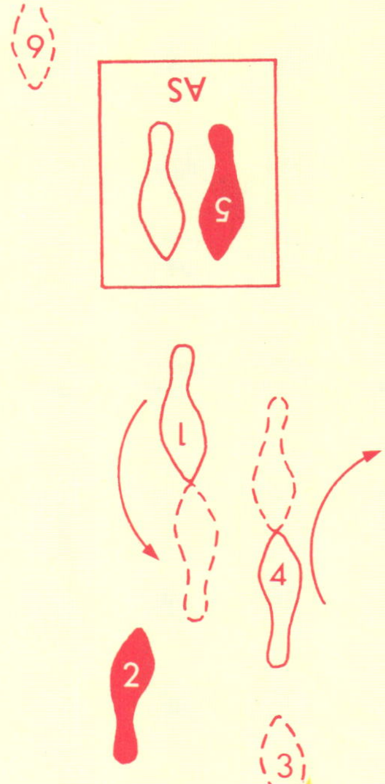

Discofox
EIN- UND AUSROLLEN

1 ein-... L

2 ...rollen L

3 tap L

4 aus-... L

5 ...rollen L

6 tap L

BREZEL

Herr	Welcher Fuß	Richtung, Bewegung, Ausführung	Rhythmus	Zählhilfe
1	LF	vorw. dabei den linken Arm heben, damit der Dame ein Tor öffnen.	L	in die
2	RF	rückw. mit 1/2 Linksdrehung, Dame ansehen	L	Brezel
3	LF	tap diagonal rückwärts	L	tap
4	LF	vorw. mit diesen beiden Schritten eine 1/2 Drehung nach links, den	L	drehen
5	RF	rückw. linken Arm über dem Kopf, rechte Hand loslassen	L	drehen
6	LF	tap diagonal rückwärts	L	tap

Vor dieser Figur am besten Ein- und Ausrollen tanzen. Sie reichen sich alle vier Hände; der Herr hebt seine linke Hand, beide drehen ½ Drehung (Herr nach links, Dame nach rechts), beide Hände festhalten; jetzt stehen sie in der »Brezel«. Zur Auflösung läßt der Herr die rechte Hand los, beide drehen: er unter seinem Arm ½ Drehung nach links, sie ebenfalls nur ½ Drehung nach rechts, wobei sie ihm nachschaut. Anschließend stehen sie sich wieder gegenüber.

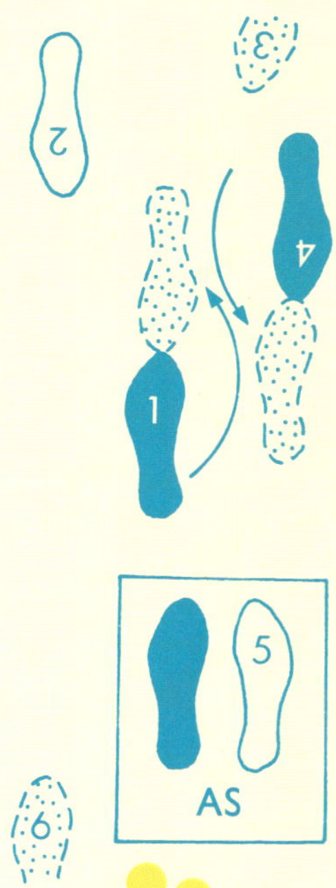

Dame	Welcher Fuß	Richtung, Bewegung, Ausführung	Rhythmus	Zählhilfe
1	RF	vorw. bei 1+2 1/2 Rechts-drehung, rechte Hand hoch, linke Hand unten	L	in die
2	LF	rückw. - enden in »Brezel«-Haltung	L	Brezel
3	RF	tap diagonal rückwärts	L	tap
4	RF	vorw. nach rechts eine 1/2 Drehung, dabei dem	L	drehen
5	LF	rückw. Herrn nachschauen	L	drehen
6	RF	tap diagonal rückwärts	L	tap

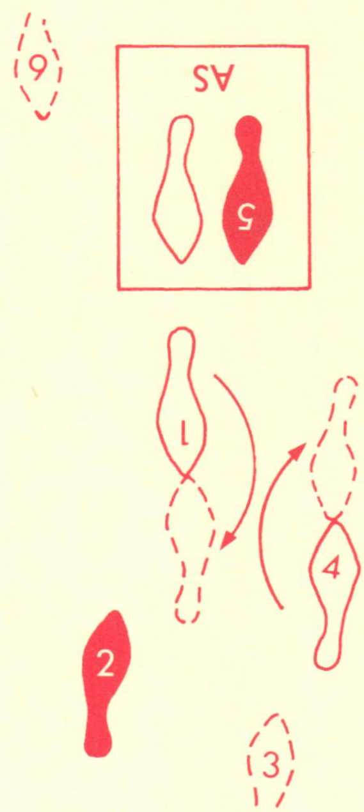

Discofox

BREZEL

2 ...Brezel L

1 in die... L

3 tap L

4 drehen L

5 drehen L

6 tap L

WINDMÜHLE

Herr	Welcher Fuß	Richtung, Bewegung, Ausführung	Rhythmus	Zählhilfe
1	LF	vorw. bei diesem Schritt bis zu einer halben	L	drehen
2	RF	rückw. Drehung nach rechts	L	drehen
3	LF	tap diagonal rückwärts	L	tap
4	LF	vorw. bei diesem Schritt bis zu einer halben	L	drehen
5	RF	rückw. Drehung nach rechts	L	drehen
6	LF	tap diagonal rückwärts	L	tap

Bei Schritt 1 die Arme weit nach rechts und links strecken; die Partner stehen noch beieinander. Bei Schritt 2 die Arme gestreckt nach vorne führen, die Partner stehen weit voneinander weg.
Durch dieses »auf« und »zu«, durch dieses »ran« und »weg« entsteht die Windmühlenfigur. Sie kann häufig hintereinander getanzt werden. Davor und danach: Damensolo.

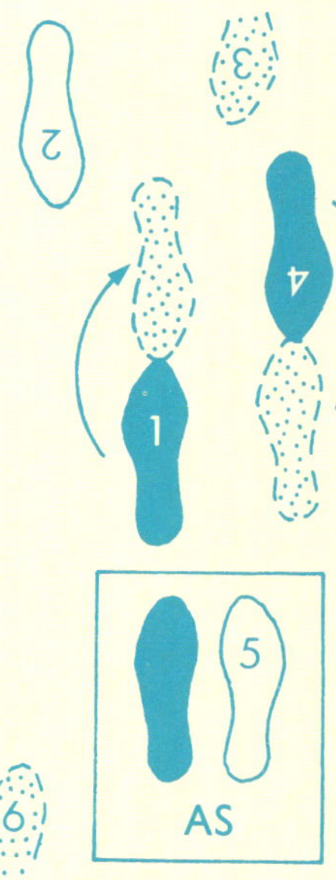

Dame	Welcher Fuß	Richtung, Bewegung, Ausführung	Rhythmus	Zählhilfe
1	RF	vorw. bei diesem Schritt bis zu einer halben	L	drehen
2	LF	rückw. Rechtsdrehung tanzen	L	drehen
3	RF	tap diagonal rückwärts	L	tap
4	RF	vorw. bei diesem Schritt bis zu einer halben	L	drehen
5	LF	rückw. Rechtsdrehung tanzen	L	drehen
6	RF	tap diagonal rückwärts	L	tap

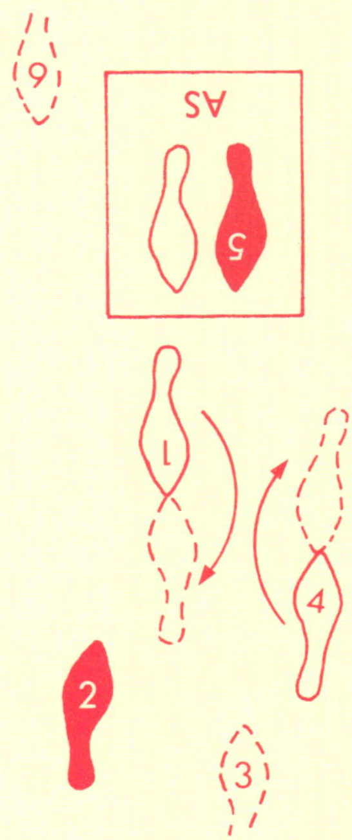

Discofox

WINDMÜHLE

1 drehen L

2 drehen L

3 tap L

4 drehen L

5 drehen L

6 tap L

Rock 'n' Roll

Rock 'n' Roll ist toll! sagen heute alle, die diesen Tanz beherrschen. Es gibt kaum einen anderen Tanz, in dem so viele verschiedene Möglichkeiten in Stil und Figuren erlaubt sind, wie beim Rock.

Die Entwicklung dieses Tanzes fand parallel zu der Musik statt. Vereinfacht kann man sagen: Aus dem Jazz kam der Swing, aus Swing wurde durch Veränderung der rhythmischen Betonung der Boogie. Es entwickelte sich jener sagenhafte Maschinenrhythmus, der zunächst die farbigen Tänzer Amerikas veranlaßte, ihre uralten volkstümlichen Tanzelemente wie Heben und Werfen von Partnern, Sprünge, Kicks und Purzelbäume in spielerischer Art mit viel Spaß in diesen Tanz zu integrieren.

In Europa herrschte Entsetzen über diesen unmöglichen neuen amerikanischen Tanz. Die Engländer änderten den Tanz etwas ab, machten ihn zivilisierter und hoffähig.

In Deutschland war er zunächst einmal verboten. Adolf Hitler sorgte mit seinem »Swingverbot« dafür.

Nach dem Krieg begann es bei uns erst langsam, dafür später aber immer toller. Man tanzte zunächst Swing, Swing-Boogie, Boogie-Woogie, Bebob, Jitterbug und Jive, später dann Rock 'n' Roll.

Für den Rock 'n' Roll gibt es verschiedene Grundschritte, und die sind mit verschiedenen Stilrichtungen möglich. Wir halten uns hier an das Welttanzprogramm und erklären die Figuren Double-Time-Grundschritt. Von ihm kann man den Turnier-Rock 'n' Roll-Schritt erlernen und mit einer kleinen Abwandlung zum Jive überwechseln, zumal die Figuren sowieso alle eng miteinander verwandt sind.

Rock 'n' Roll

Takt

4/4-Takt

Musik

Auf der LP »Tanzen überall« die Titel:
A rockin' good way (Shakin' Stevens)
Blue suede Shoes (Carl Perkins)
Linda (Ace Cats)
Oh Julie (Shakin' Stevens)
Tutti Frutti (Little Richards)
Rock 'n' Roll is back (Ricky King)
oder jeder andere beliebige Rock 'n' Roll, der Ihnen gefällt.

Tempo

Zum Lernen so langsam wie möglich; wählen Sie zunächst den Titel mit der kleinsten Tempozahl (weniger Takte pro Minute), später ist jede Geschwindigkeit möglich, die von Ihnen durchgehalten werden kann.

Tanzrichtung

Es gibt keine festgelegte Tanzrichtung. Sie können alle Figuren beginnen und enden wie Sie möchten; für den Anfang empfiehlt es sich, eine Wand des Übungsraumes als Ausgangspunkt zu nehmen.

Tanzhaltung

Sie wurde schon zu Beginn dieses Buches ausführlich mit Bildern beschrieben, bleiben Sie mit Ihren Armen druckvoll und dennoch elastisch.

Schrittverbindungen

Ü	2 x Grundschritt 1 x Damensolo hin + 1 x Damensolo her
I	2 x Grundschritt 1 x Damensolo hin + 1 x Damensolo her 1 x Hand- und Platzwechsel hin und zurück
II	2 x Grundschritt (Handwechsel) 1 x Schulterfasser hin und zurück
I+II	2 x Grundschritt 1 x Damensolo hin + 1 x Damensolo her 1 x Hand- und Platzwechsel hin und zurück 2 x Grundschritt (Handwechsel) 1 x Schulterfasser hin und zurück

Alle Figuren sind natürlich auch anders miteinander kombinierbar. Ich empfehle Ihnen aber, die mit Folge I und II gekennzeichneten Figuren in dieser Reihenfolge einzuüben und zu tanzen. Wenn Sie diese beiden Folgen einzeln ganz sicher können, versuchen Sie die Kombination beider Folgen, also Nr. I und II.

Lernhilfe

In diesem Buch zeigen wir Ihnen alle wichtigen Grundschritte, den Doubletime- und Tripletime-Grundschritt. Beide Schritte sind ganz ähnlich; man tanzt nur bei der Seitwärtsbewegung entweder zwei Schritte (Double) oder drei Schritte (Triple).
Die Figuren basieren auf dem Doubletime-Grundschritt. Sollten Sie lieber den Tripletime-Schritt tanzen wollen, müssen Sie alle Figuren dementsprechend abändern.
Rock 'n' Roll ist ein spaßiger, fetziger Tanz. Versuchen Sie, die fröhliche Stimmung, das Tempo, den Schwung und die Lebendigkeit auf sich einwirken zu lassen, und gehen Sie völlig aus sich heraus.
Alle hier gezeigten »tap«-Schritte sind Übungsformen. Später brauchen Sie den Boden nicht mehr zu berühren, Sie schnicken nur den Unterschenkel, man nennt das einen »kick«. Statt »tap« können Sie also auch »kick« tanzen.

GRUNDSCHRITT TRIPLE

Herr	Welcher Fuß	Richtung, Bewegung, Ausführung	Rhythmus	Zählhilfe
1	LF	rück hinter RF	S	rück
2	RF	am Platz belasten	S	vor
3	LF	seit nach links	S	seit
4	RF	fast zu LF schließen	+	ran
5	LF	seit nach links klein	S	seit
6	RF	seit nach rechts	S	seit
7	LF	fast zu RF schließen	+	ran
8	RF	seit nach rechts klein	S	seit

Diesen Grundschritt können Sie auch voreinander tanzen, nur eine Hand reichen. Die Figuren in diesem Buch bauen aber nicht auf diesem Grundschritt auf, sondern auf dem Double-Grundschritt.

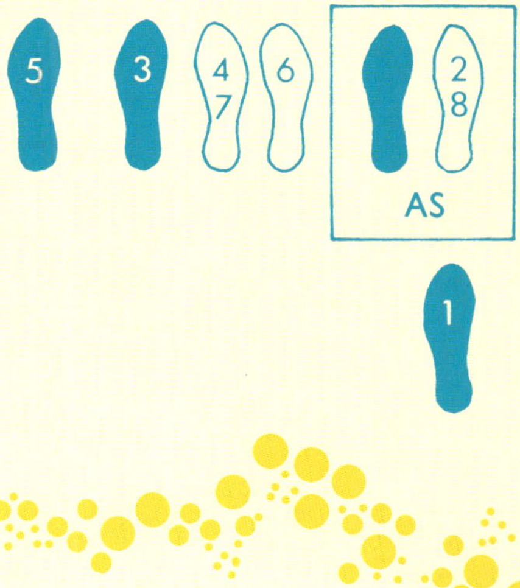

Dame	Welcher Fuß	Richtung, Bewegung, Ausführung	Rhythmus	Zählhilfe
1	RF	rück hinter LF	S	rück
2	LF	am Platz belasten	S	vor
3	RF	seit nach rechts	S	seit
4	LF	fast zu RF schließen	+	ran
5	RF	seit nach rechts klein	S	seit
6	LF	seit nach links	S	seit
7	RF	fast zu LF schließen	+	ran
8	LF	seit nach links klein	S	seit

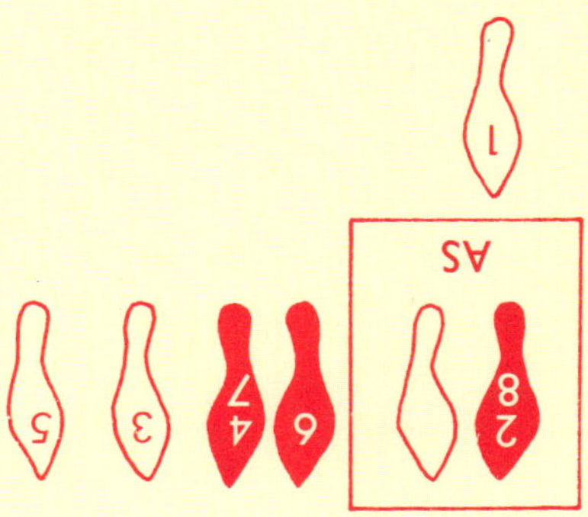

Rock 'n' Roll

GRUNDSCHRITT TRIPLE

1 rück S

2 vor S

3 seit S

4 ran +

5 seit S

6 seit S

7 ran +

8 seit S

GRUNDSCHRITT DOUBLE

Herr	Welcher Fuß	Richtung, Bewegung, Ausführung	Rhythmus	Zählhilfe
1	LF	rück (leicht hinter RF)	S	rück
2	RF	am Platz belasten	S	Platz
3	LF	tap (an RF schließen)	S	tap
4	LF	seit (klein)	S	Schritt
5	RF	tap (an LF schließen)	S	tap
6	RF	seit (klein)	S	Schritt

Bitte stehen Sie voreinander; Herr linke Hand, Dame rechte Hand gereicht. Beim 'Rück' nur den Fuß zurück und nicht den ganzen Körper. Tanzen Sie sich in den Grundschritt perfekt ein, Sie müssen ihn blind beherrschen. Alle Figuren basieren auf diesem Grundschritt.

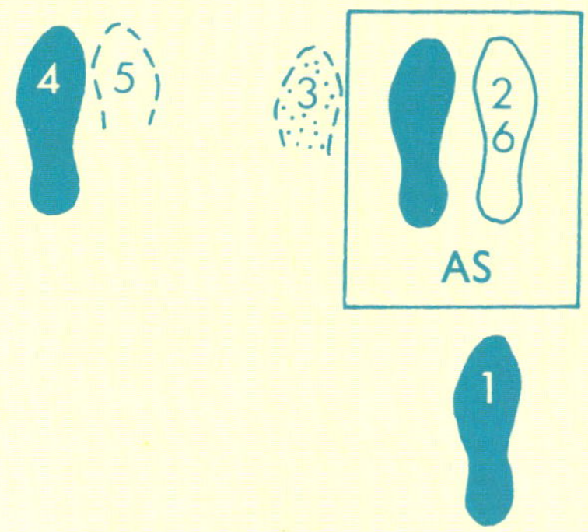

Dame	Welcher Fuß	Richtung, Bewegung, Ausführung	Rhythmus	Zählhilfe
1	RF	rück (leicht hinter LF)	S	rück
2	LF	am Platz belasten	S	Platz
3	RF	tap (an LF schließen)	S	tap
4	RF	seit (klein)	S	Schritt
5	LF	tap (an RF schließen)	S	tap
6	LF	seit (klein)	S	Schritt

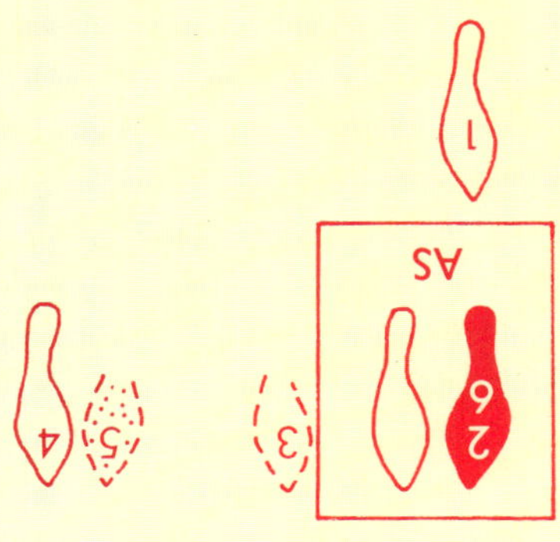

Rock 'n' Roll

GRUNDSCHRITT DOUBLE

1 rück S

2 Platz S

3 tap S

4 Schritt S

5 tap S

6 Schritt S

DAMENSOLO HIN

Herr	Welcher Fuß	Richtung, Bewegung, Ausführung	Rhythmus	Zählhilfe
1	LF	rück	S	rück
2	RF	am Platz belasten	S	vor
3	LF	tap (neben RF)	S	tap
4	LF	vor nach links beginnen zu drehen	S	Schritt
5	RF	tap (neben LF) weiterdrehen	S	tap
6	RF	rück Drehung beendet (1/2 bei 4, 5, 6)	S	Schritt

Beim Vorwärtstanzen muß der Herr den linken Arm heben, dort kommt ihm die Dame entgegen. Am Ende der Figur haben sie die Plätze fast getauscht; die Herren können auch weniger drehen oder gar nicht – dann stehen die Damen neben ihnen.

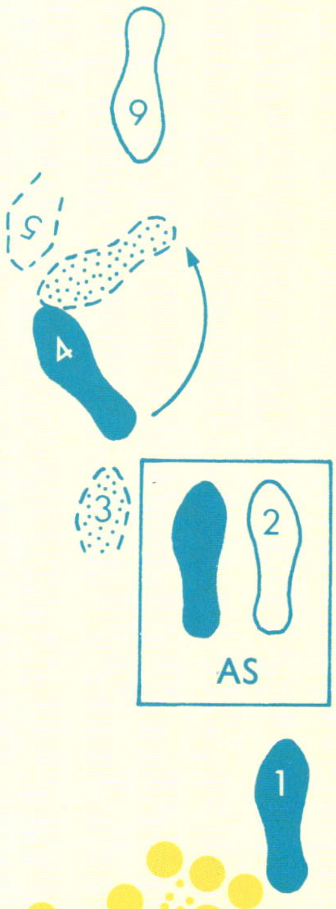

Schritt Nr. 3 ist auf demselben Punkt der AS des linken Fußes; da 2 Zeichen nicht übereinanderpassen, wurde es daneben gemalt.

Dame	Welcher Fuß	Richtung, Bewegung, Ausführung	Rhythmus	Zählhilfe
1	RF	rück	S	rück
2	LF	am Platz belasten	S	vor
3	RF	tap (neben LF)	S	tap
4	RF	vor nach rechts zu drehen beginnen	S	Schritt
5	LF	tap (neben RF) weiterdrehen	S	tap
6	LF	rück Drehung beendet (1/2 rechts bei 4, 5, 6)	S	Schritt

Der Rückweg dieser Figur folgt auf der nächsten Seite.

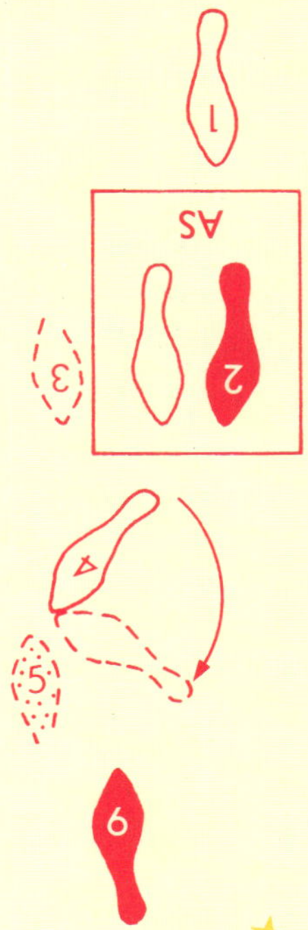

Rock 'n' Roll

DAMENSOLO HIN

1 rück S

2 vor S

3 tap S

4 Schritt S

5 tap S

6 Schritt S

DAMENSOLO ZURÜCK

Herr	Welcher Fuß	Richtung, Bewegung, Ausführung	Rhythmus	Zählhilfe
1	LF	rück	S	rück
2	RF	am Platz belasten	S	vor
3	LF	tap (neben RF)	S	tap
4	LF	vor + seit nach rechts zu drehen beginnen	S	Schritt
5	RF	tap (neben LF) weiterdrehen	S	tap
6	RF	rück Drehung beendet (1/2 Drehung bei 4, 5, 6)	S	Schritt

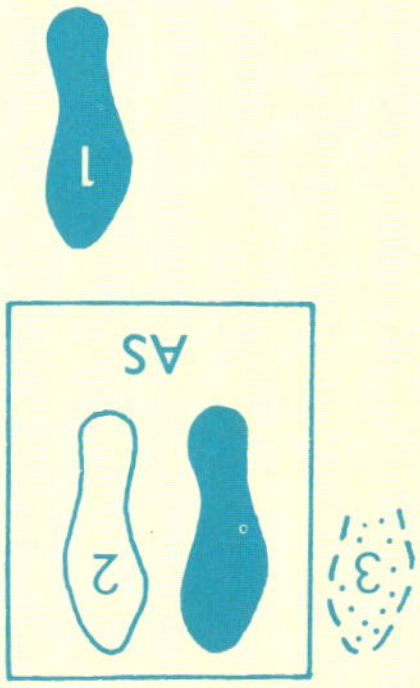

Endposition von der letzten Figur ist die AS dieser Figur.

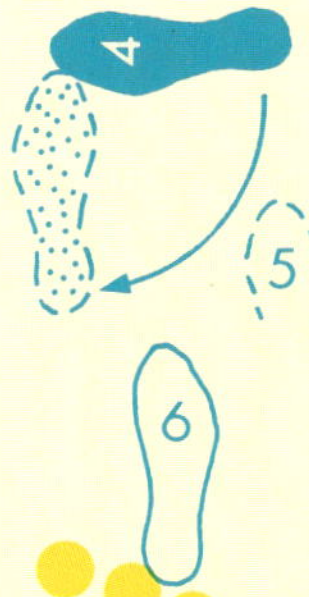

Der Herr hebt seinen linken Arm, damit die Dame darunter zurückdrehen kann. Am Ende sollte der Herr genau den Weg zurückgedreht haben, den er bei der Figur Damensolo »hin« vorgelegt hat. Er steht wieder in seiner alten AS.

Dame	Welcher Fuß	Richtung, Bewegung, Ausführung	Rhythmus	Zählhilfe
1	RF	rück	S	rück
2	LF	am Platz belasten	S	vor
3	RF	tap (neben LF)	S	tap
4	RF	vor + seit nach links zu drehen beginnen	S	Schritt
5	LF	tap (neben RF) weiterdrehen	S	tap
6	LF	rück Drehung beendet (1/2 Drehung bei 4, 5, 6)	S	Schritt

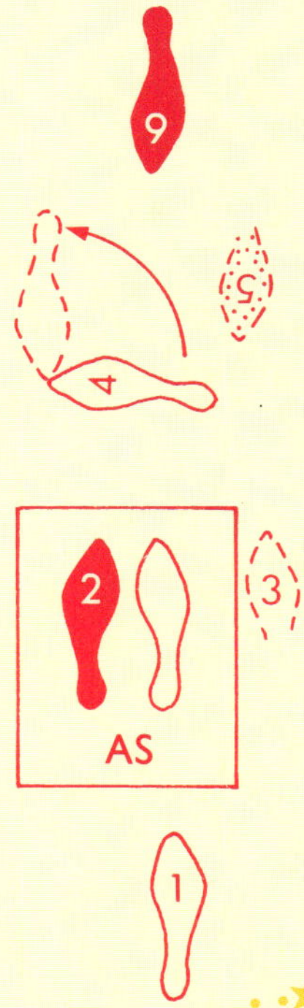

Rock 'n' Roll

DAMENSOLO ZURÜCK

1 rück S

2 vor S

3 tap S

4 Schritt S

5 tap S

6 Schritt S

HAND- UND PLATZWECHSEL

Herr	Welcher Fuß	Richtung, Bewegung, Ausführung	Rhythmus	Zählhilfe
1	LF	rück	S	rück
2	RF	am Platz belasten	S	vor
3	LF	tap (neben RF)	S	tap
4	LF	vor — beginnen, nach links zu drehen, 1. Handwechsel	S	Schritt
5	RF	tap (neben LF) — weiterdrehen, 2. Handwechsel	S	tap
6	RF	rück — Drehung beendet (1/2 links bei 4, 5, 6)	S	Schritt

Bei Schritt 4 legt der Herr die rechte Hand der Dame kurz in seine rechte, damit er sich drehen kann, nimmt dann, während er sich dreht, seine rechte Hand hinter seinen Rücken, um dann bei Schritt 5 ihre Hand wieder in seine linke zu geben. Erst einmal ohne Takt Schritte üben, nur einfach ablaufen.

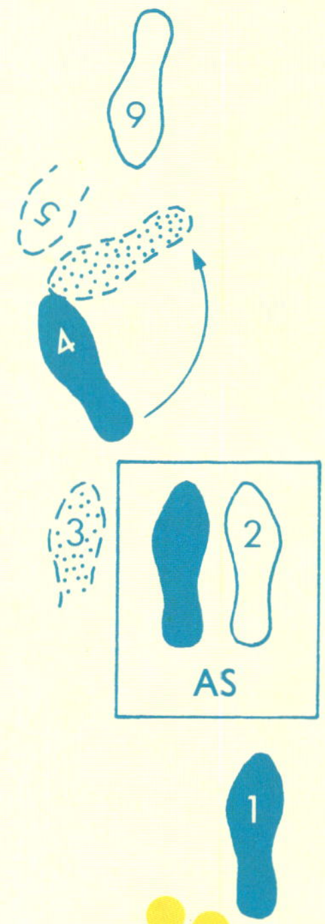

Dame	Welcher Fuß	Richtung, Bewegung, Ausführung	Rhythmus	Zählhilfe
1	RF	rück	S	rück
2	LF	am Platz belasten	S	vor
3	RF	tap (neben LF)	S	tap
4	RF	vor beginnen, hinter dem Herrn nach rechts zu drehen	S	Schritt
5	LF	tap (neben RF) weiterdrehen	S	tap
6	LF	rück Drehung beendet (1/2 rechts bei 4, 5, 6)	S	Schritt

Nach dieser Figur tanzen Sie bitte ein Damensolo »zurück«, um wieder in ihrer Ausgangsstellung zu sein.

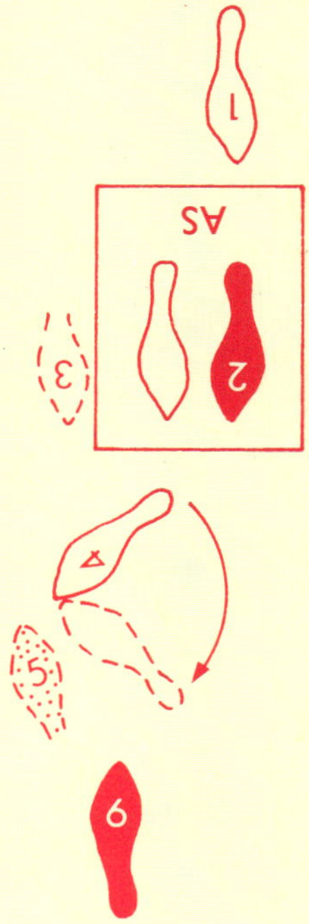

Rock 'n' Roll

HAND- UND PLATZWECHSEL

1 rück S

2 vor S

3 tap S

4 Schritt S

5 tap S

6 Schritt S

SCHULTERFASSER HIN

Herr	Welcher Fuß	Richtung, Bewegung, Ausführung	Rhythmus	Zählhilfe
1	LF	rück	S	rück
2	RF	am Platz belasten (dabei Handwechsel, rechte in rechte Hand)	S	vor
3	LF	tap (neben RF)	S	tap
4	LF	seit nach links, klein	S	Schritt
5	RF	tap (neben LF)	S	tap
6	RF	seit nach rechts, klein	S	Schritt

Für den Herrn ist die Figur ganz einfach; er tanzt nur den Grundschritt, allerdings muß er die Dame auf seine rechte Seite führen. Zunächst »täuscht« die Dame eine Linksdrehung vor (bei Schritt 4), dreht dann aber an seine Seite. Schrittdiagramm wie Grundschritt.

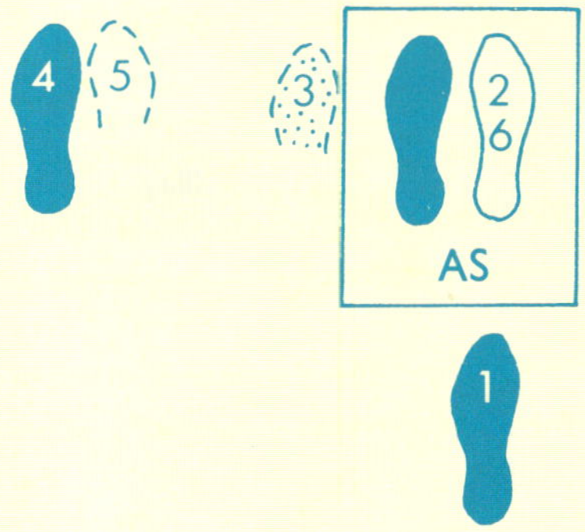

Dame	Welcher Fuß	Richtung, Bewegung, Ausführung	Rhythmus	Zählhilfe
1	RF	rück	S	rück
2	LF	am Platz belasten	S	vor
3	RF	tap (neben LF)	S	tap
4	RF	vor leicht nach links eine Drehung andeuten	S	Schritt
5	LF	tap (neben RF) nach rechts drehen	S	tap
6	LF	seit/rück	S	Schritt

Die Dame legt bei Schritt 6 ihre linke Hand auf seine rechte Schulter.

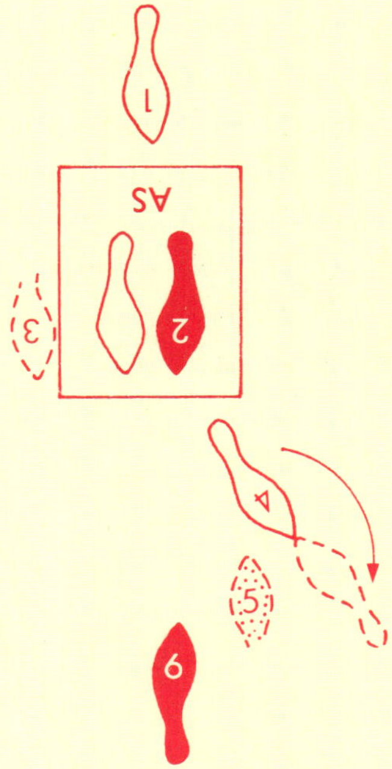

Rock 'n' Roll

SCHULTERFASSER HIN

1 rück S

2 vor S

3 tap S

4 Schritt S

5 tap S

6 Schritt S

SCHULTERFASSER ZURÜCK

Herr	Welcher Fuß	Richtung, Bewegung, Ausführung	Rhythmus	Zählhilfe
1	LF	rück	S	rück
2	RF	am Platz belasten	S	vor
3	LF	tap (neben RF)	S	tap
4	LF	seit nach links, klein	S	Schritt
5	RF	tap (neben LF)	S	tap
6	RF	seit nach rechts, klein	S	Schritt

Auch beim Rückweg tanzt der Herr nur Grundschritt – aber bitte gut führen!
Bei Schritt 3 die Dame schräg vor den Herrn führen; sie »täuscht« eine Linksdrehung an, tanzt dann aber eine Rechtsdrehung, der Herr hebt seinen rechten Arm ab 4 bis 6, damit sie darunter drehen kann.
Nicht vergessen, während des nächsten »rück-vor« wieder die Hände zurück zu wechseln.

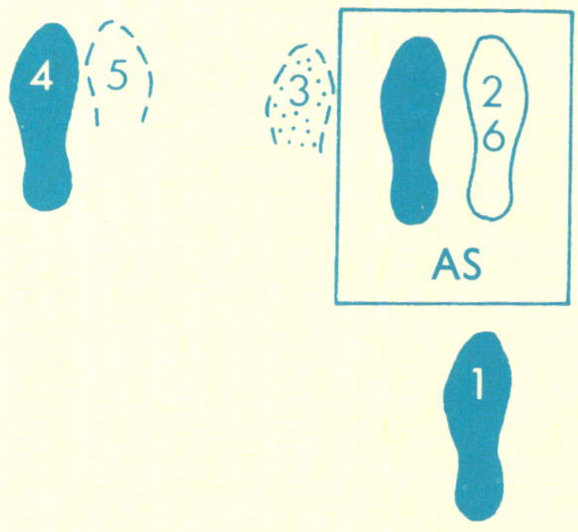

Dame	Welcher Fuß	Richtung, Bewegung, Ausführung	Rhythmus	Zählhilfe
1	RF	rück	S	rück
2	LF	am Platz belasten	S	vor
3	RF	tap (neben LF)	S	tap
4	RF	vor leicht nach links vor den Herrn	S	Schritt
5	LF	tap (neben RF) jetzt nach rechts drehen	S	tap
6	LF	rück Drehung beenden	S	Schritt

(Die AS ist die Endposition der letzten Figur, Seite 75).

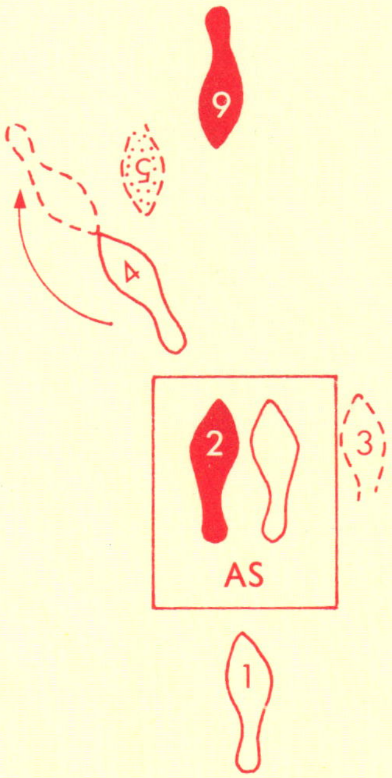

Rock 'n' Roll

SCHULTERFASSER ZURÜCK

1 rück S

2 vor S

3 tap S

4 Schritt S

5 tap S

6 Schritt S

Der Blues

Dies dürfte wohl der einzige Tanz auf der ganzen Welt sein, den jeder ohne Buch, Tanzstunden oder Video beherrscht. Langsame Musik, den Partner mit beiden Händen irgendwie, irgendwo anfassen, möglichst eng rangehen, dabei ein bißchen drehen und einfach die Musik wirken lassen ...

Diesen Blues will ich jedoch nicht weiter beschreiben, weil ihn wirklich fast jeder einfach so kann. Es gibt jedoch Situationen, bei denen man sich nicht einfach so und ungestüm an den Partner »heranmachen« kann. Beispiel Betriebsfest: Sie tanzen mit Ihrem Vorgesetzten; ein Ball: Sie tanzen mit Ihrer zukünftigen Schwiegermutter. Mit Anschmiegen und Ranmachen ist in diesen Fällen wohl nicht viel auszurichten.

Es gibt jedoch eine Form des Bluestanzens – und die will ich Ihnen hier beschreiben –, die Sie immer und in jedem Fall problemlos anwenden können. Ihr Schrittsatz ist so einfach, daß sogar ein Nichttänzer sofort mit Ihnen tanzen kann.

Der Blues

Takt

4/4-Takt. Auf jeweils zwei Taktteile kommt ein langsamer Schritt, auf je einen Takt ein schneller. Der Rhythmus für einen Grundschritt ist langsam - langsam - schnell - schnell.

Musik

Zum Üben nehmen Sie am besten einen Titel von der LP »Tanzen überall«: Tu soltanto tu (Al Bano/Romina Power) Careless whisper (Georg Michael); später ist es kaum ein Problem, die richtige Musik herauszufinden; fast jeder langsame Titel eignet sich hervorragend.

Tempo

ab 18 Takte pro Minute aufwärts; der Blues-Grundschritt eignet sich auch für schnellere Musik.

Tanzrichtung

Eine feste Tanzrichtung gibt es auch beim Blues nicht. Da Sie sich jedoch vom Platz weg bewegen, empfehle ich Ihnen, kreisförmig gegen den Uhrzeigersinn um die Tanzfläche zu tanzen.

Tanzhaltung

Wenn Sie die Figur »Damensolo« tanzen wollen, müssen Sie sich die Hände geben (Herr links, Dame rechts).
Nur wenn Vorwärtsschritte in der Promenade getanzt werden, wird die Ferse aufgesetzt. Sonst wird immer flach mit dem Ballen und in kleinen Schritten getanzt.
Über die Tanzhaltung wurde bereits an anderer Stelle gesprochen. Hier kommt es ganz auf Ihre Einschätzung der Situation an, wie eng Sie zum Partner »auf Tuchfühlung« gehen können.

Schrittverbindungen

2 x Grundschritt
1 x Promenade
2 x Grundschritt
1 x Damensolo

Lernhilfe

Tanzen Sie den Blues mit kleinen, unauffälligen Schritten. Lassen Sie die Musik auf sich und Ihren Partner einwirken, und schwingen Sie Ihren ganzen Körper in der Musik mit.
Beim Blues dürfen die Herren auf keinen Fall die Damen drängen, zerren oder ziehen. Die Damen sollten sich hier besonders viel Mühe geben, mit dem Herrn in einen Gleichklang zu kommen und zu fühlen, was er tänzerisch von ihnen will.

GRUNDSCHRITT

Herr	Welcher Fuß	Richtung, Bewegung, Ausführung	Rhythmus	Zählhilfe
1	LF	seit nach links	S	seit
2	RF	schwingt zu LF, ohne Gewicht	S	bei
3	RF	seit nach rechts	S	seit
4	LF	schwingt zu RF, ohne Gewicht	S	bei
5	LF	seit nach links	S	seit
6	RF	schließt zu LF mit Gewicht!	S	ran

Die Schritte 1, 2 + 4 werden nur gependelt, d. h. der Fuß wird zum Standbein herausgeschwungen und gleich wieder weggesetzt. Kleine Schritte, Hüften mitschwingend.

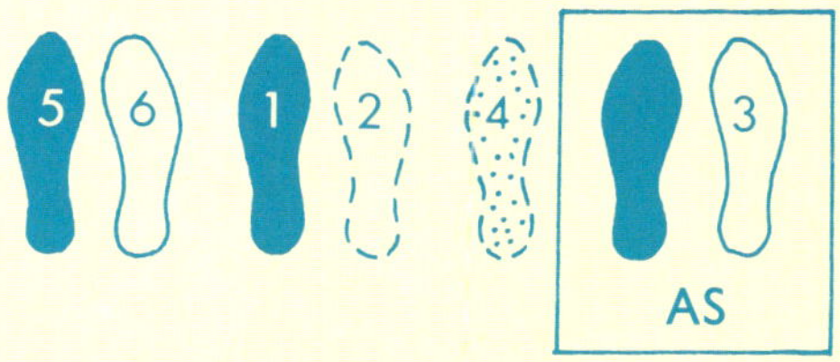

Dame	Welcher Fuß	Richtung, Bewegung, Ausführung	Rhythmus	Zählhilfe
1	RF	seit nach rechts	S	seit
2	LF	schwingt zu RF, ohne Gewicht	S	bei
3	LF	seit nach links	S	seit
4	RF	schwingt zu LF, ohne Gewicht	S	bei
5	RF	seit nach rechts	S	seit
6	LF	schließt zu RF mit Gewicht!	S	ran

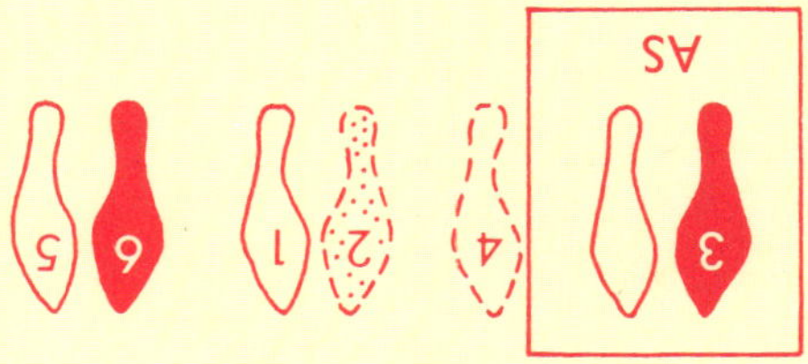

Der Blues

GRUNDSCHRITT

2 bei L

1 seit L

3 seit L

4 bei L

5 seit L

6 ran L

PROMENADE

Herr	Welcher Fuß	Richtung, Bewegung, Ausführung	Rhythmus	Zählhilfe
1	LF	seit nach links	S	seit
2	RF	schwingt zu LF, o. Gewicht	S	bei
3	RF	seit nach rechts	S	seit
4	LF	schwingt zu RF, o. Gewicht Körper öffnet zur P.P.	S	bei
5	LF	Schritt	S	Schritt
6	RF	Schritt (über LF)	S	über
1a	LF	seit nach links, dabei wieder in normale TH	S	seit
2a	RF	siehe 2	S	bei

Die ersten drei Schritte entsprechen dem Grundschritt; beim 4. Schritt führt der Herr die Dame in die Promenade, er gibt mit seiner rechten Hand leichten Ballendruck, beide schauen in die gleiche Richtung, in die auch die Schritte 4, 5, 6, 1a führen. Erst beim 1. Schritt des nächsten Grundschrittes wird die Tanzhaltung wieder geschlossen.

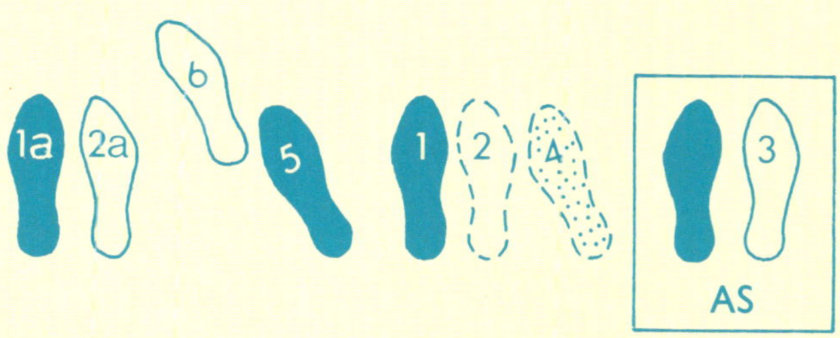

Dame	Welcher Fuß	Richtung, Bewegung, Ausführung	Rhythmus	Zählhilfe
1	RF	seit nach rechts	S	seit
2	LF	schwingt zu RF, o. Gewicht	S	bei
3	LF	seit nach links	S	seit
4	RF	schwingt zu LF, o. Gewicht Körper öffnet zur P.P.	S	bei
5	RF	Schritt	S	Schritt
6	LF	Schritt (über RF)	S	über
1a	RF	seit nach rechts, dabei wieder in normale TH	S	seit
2a	LF	siehe 2	S	bei

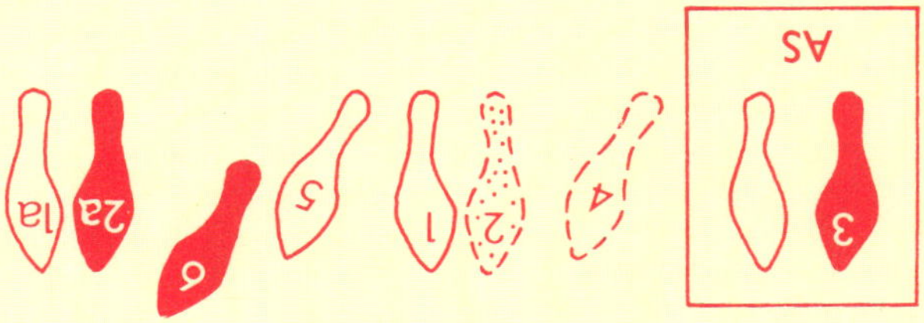

Der Blues

PROMENADE

1 seit L

2 bei L

3 seit L

4 bei L

5 Schritt L

6 über L

1a seit L

2a bei L

DAMENSOLO

Herr	Welcher Fuß	Richtung, Bewegung, Ausführung	Rhythmus	Zählhilfe
1	LF	seit nach links	S	seit
2	RF	schwingt zu LF, o. Gewicht	S	bei
3	RF	seit nach rechts	S	seit
4	LF	schwingt zu RF, o. Gewicht Körper öffnet zur P.P.	S	bei
5	LF	Schritt	S	Schritt
6	RF	Schritt (über LF)	S	Schritt
1a	LF	seit nach links, dabei wieder normale TH	S	seit
2a	RF	siehe 2	S	bei

Für das Damensolo hebt er seine linke Hand und gibt der Dame mit seiner rechten Hand mehr Druck. Der Herr dreht nicht, er tanzt wieder die Promenade.

Dame	Welcher Fuß	Richtung, Bewegung, Ausführung	Rhythmus	Zählhilfe
1	RF	seit	S	seit
2	LF	schwingt zu RF, o. Gewicht	S	bei
3	LF	seit	S	seit
4	RF	schwingt zu LF, o. Gewicht Körper öffnet zur P.P.	S	bei
5	RF	vor – an der Herrenhand eine ganze Drehung rechts herum	S	drehen
6	LF	rück	S	drehen
1a	RF	seit nach rechts, dabei wieder normale TH	S	seit
2a	LF	siehe 2	S	bei

Wenn sie die Promenade gut beherrscht, kann die Dame, während der Herr seine Promenadenschritte tanzt, eine ganze Drehung nach rechts tanzen, läuft aber mit ihm mit.

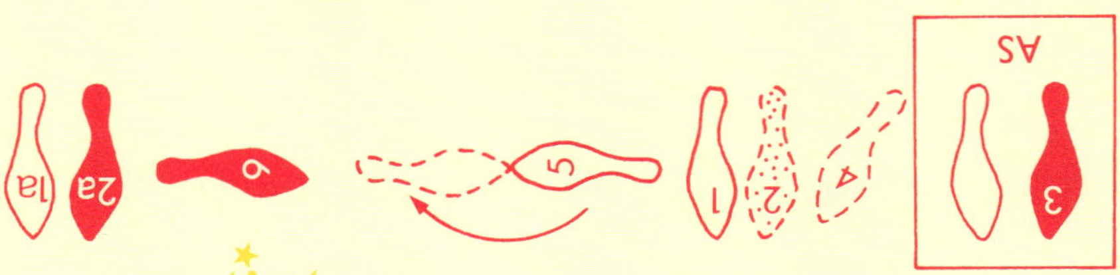

Der Blues

DAMENSOLO

1 seit L

2 bei L

3 seit L

4 bei L

5 drehen L

6 drehen L

1a seit L

2a bei L

Der langsame Walzer

Die beiden jetzt folgenden Kapitel sind eine kurze Einführung in zwei weitere wichtige Tänze des Welttanzprogrammes: Langsamer Walzer und Cha-Cha-Cha.
Zu diesen beiden Tänzen bleibt hier nur der Raum für die jeweiligen Grunderklärungen und den Grundschritt. Weiteres Schrittmaterial finden Sie in anderen Tanzbüchern des Falken-Verlages, deren Titel vorn auf der Seite 4 dieses Buches stehen.

Der langsame Walzer gehört mit seinen fließenden, schönen, runden und weichen Bewegungen zu den schönsten Tänzen überhaupt. Er ist einer der Tänze, die wirklich auf der ganzen Welt gleich getanzt und unterrichtet werden. Dieser Tanz ist keine Modeerscheinung, die man irgendwann einmal vergessen wird. Der langsame Walzer wird im Jahr 2000 noch genauso zum Ballprogramm gehören wie vor einem Jahrhundert.

Takt

¾-Takt; jeder Tanzschritt bekommt stets einen Taktteil. Bitte fangen Sie immer mit dem ersten Schritt auf dem ersten Taktteil an.

Musik

Auf der LP »Tanzen überall« finden Sie keinen langsamen Walzer. Der Fachhandel hält ausreichend Musikmaterial bereit; achten Sie auf den Aufkleber »Als Tanzplatte vom ADTV empfohlen«.

Tempo

Nicht jeder Dreivierteltakt ist ein langsamer Walzer. Ein richtiger langsamer Walzer hat etwa 30 Takte pro Minute; ein Wiener Walzer ist dagegen fast doppelt so schnell.

Tanzrichtung

Da ich Ihnen hier nur den Grundschritt erkläre, ist die Tanzrichtung nicht so wichtig. Sie sollten jedoch wissen, daß der Herr in Front zur Tanzrichtung beginnt und sich drehend gegen den Uhrzeigersinn um die Tanzfläche bewegt.

Tanzhaltung

Für den langsamen Walzer brauchen Sie eine korrekte Standard-Tanz-Haltung. Zu Beginn dieses Buches wurde Ihnen diese Haltung erklärt. Achten Sie vor allem darauf, nicht so offen wie beim Discofox zu stehen. Sie stehen einander jetzt mehr gegenüber; die Dame nimmt ihren Kopf nach links, Ihre Schulterpartien stehen sich parallel gegenüber.

Lernhilfe

In diesem Buch kann ich Ihnen nur den Grundschritt erklären – ohne Drehung. Bitte lernen Sie ihn genau; setzen Sie jeden Schritt mit vollem Gewicht und tanzen nicht aus Versehen ein »tap«. Wenn Sie den Grundschritt können, versuchen Sie ihn langsam im Rechtsdrehen zu tanzen; zunächst nur wenig, später dann mit einem Grundschritt eine Vierteldrehung oder mehr.
Langsamer Walzer ist ein schöner, schwingender Tanz. Bleiben Sie unverkrampft und versuchen Sie das Gefühl des Schwebens zur gefühlvollen langsamen Musik zu erhalten.

GRUNDSCHRITT

Herr	Welcher Fuß	Richtung, Bewegung, Ausführung	Rhythmus	Zählhilfe
1	RF	vor	L	Schritt
2	LF	seit (nach rechts)	L	seit
3	RF	schließt zu LF	L	ran
4	LF	rück	L	Schritt
5	RF	seit (nach links)	L	seit
6	LF	schließt zu RF	L	ran

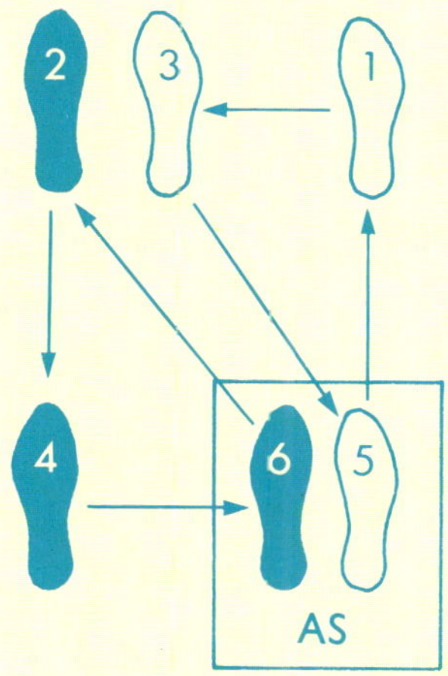

Dame	Welcher Fuß	Richtung, Bewegung, Ausführung	Rhythmus	Zählhilfe
1	LF	rück	L	Schritt
2	RF	seit (nach links)	L	seit
3	LF	schließt zu RF	L	ran
4	RF	vor	L	Schritt
5	LF	seit (nach rechts)	L	seit
6	RF	schließt zu LF	L	ran

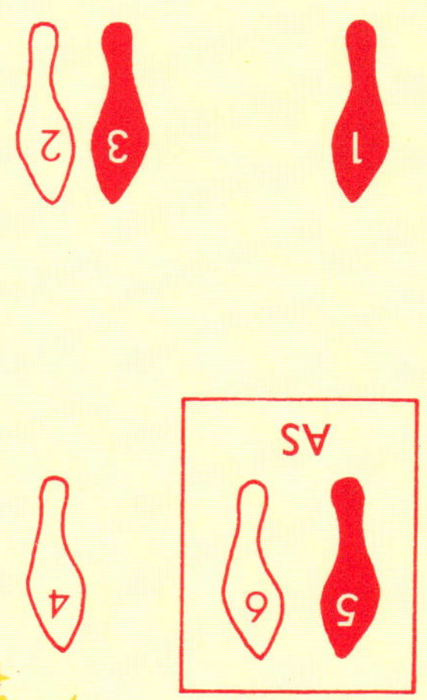

Der langsame Walzer

GRUNDSCHRITT

1 Schritt L

2 seit L

3 ran L

4 Schritt L

5 seit L

6 ran L

Der Cha-Cha-Cha

Cha-Cha-Cha ist im Gegensatz zum langsamen Walzer ein sehr junger Tanz; er entwickelte sich Mitte der 50er Jahre in Kuba aus dem Mambo.

Ein deutscher ADTV-Tanzlehrer, Udo Bier aus Wiesbaden, brachte ihn in die Bundesrepublik.

Auch in der Discoszene werden lateinamerikanische Rhythmen gern in die populäre Musik eingeflochten.

Beim Cha-Cha-Cha gibt es den Vorteil, daß man ihn ohne und mit Tanzhaltung tanzen kann. Wenn Sie den hier beschriebenen Grundschritt können, sollten Sie versuchen, ihn zu variieren und die Füße, streng im Rhythmus, mal hierhin, mal dorthin zu setzen, jedoch bei den drei Cha-Cha-Chas immer gegenüber dem Partner.

Takt

4/4-Takt; ein Grundschritt erstreckt sich über zwei Takte.

Musik

Suchen Sie sich eine nicht zu schnelle lateinamerikanisch angehauchte Schallplatte aus Ihren Discoplatten aus, und Sie können beginnen zu üben.
Der Fachhandel hält auch hier eine große Auswahl an Schallplatten für Sie bereit. Achten Sie nur auf das Gütesiegel des ADTV.

Tempo

Auch hier gilt die Faustregel: Langsam beginnen, später Tempo steigern; normal sind 30 bis 34 Takte pro Minute.

Tanzrichtung

Cha-Cha-Cha wird üblicherweise am Platz getanzt. Das heißt, Sie tanzen nicht um die Tanzfläche herum.

Tanzhaltung

Für diesen Tanz brauchen Sie die zu Beginn des Buches erklärte Tanzhaltung. Schauen Sie noch einmal nach und achten Sie vor allem auf den größeren Abstand zwischen den beiden Partnern. Auch hier nimmt die Dame ihren Kopf nach links und schaut am Herrn vorbei. Der Herr rutscht mit seiner rechten Hand vom Schulterblatt nach oben; Sie stehen einander parallel gegenüber.

Lernhilfe

Der Cha-Cha-Cha ist der rhythmisch schwierigste Tanz dieses Buches. Versuchen Sie, den Rhythmus zunächst zu klatschen oder zu klopfen, üben Sie dann mit Ihren Beinen. Diesen Grundschritt können Sie sehr gut auch ohne Partner erlernen.

Tanzen Sie diesen Tanz mit lebhaften Hüftbewegungen; halten Sie den Oberkörper jedoch ruhig und geben Sie sich dem Temperament der lateinamerikanischen Rhythmusinstrumente hin.

WIEGEGRUNDSCHRITT

Herr	Welcher Fuß	Richtung, Bewegung, Ausführung	Rhythmus	Zählhilfe
1	RF	seit (klein)	L	seit (Cha)
2	LF	vor	L	Wie-
3	RF	rück belasten	L	ge
4	LF	seit (klein)	S	(seit) Cha
5	RF	schließt fast zu LF	S	Cha
6	LF	seit (klein)	L	seit (Cha)
7	RF	rück	L	Wie-
8	LF	vor belasten	L	ge
9	RF	seit (klein)	S	(seit) Cha
10	LF	schließt fast zu RF	S	Cha

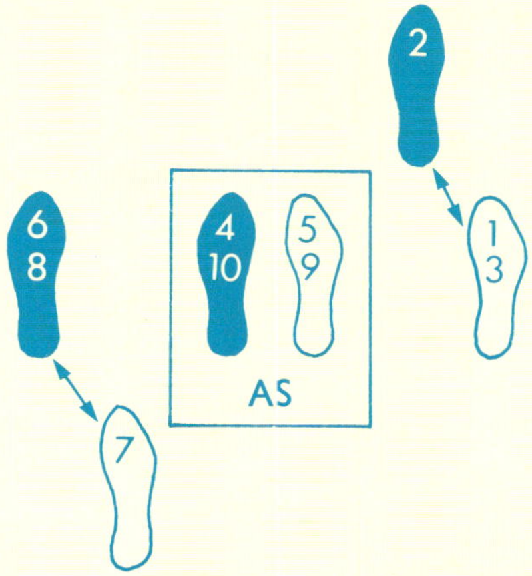

Dame	Welcher Fuß	Richtung, Bewegung, Ausführung	Rhythmus	Zählhilfe
1	LF	seit (klein)	L	seit (Cha)
2	RF	rück	L	Wie-
3	LF	vor belasten	L	ge
4	RF	seit (klein)	S	(seit) Cha
5	LF	schließt fast zu RF	S	Cha
6	RF	seit (klein)	L	seit (Cha)
7	LF	vor	L	Wie-
8	RF	rück belasten	L	ge
9	LF	seit (klein)	S	(seit) Cha
10	RF	schließt fast zu LF	S	Cha

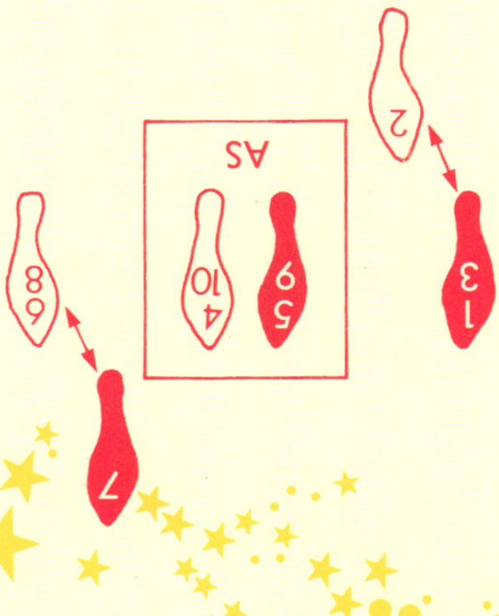

Der Cha-Cha-Cha

WIEGEGRUNDSCHRITT

1 seit (Cha) L

2 Wie-... L

3 ...ge L

4 (seit) Cha S

5 Cha S

6 seit (Cha) L

7 Wie-... L

8 ...ge L

9 (seit) Cha K

10 Cha K

ADRESSEN

Vielleicht möchten Sie die hier erklärten Tänze in einer Tanzschule lernen oder Ihre Kenntnisse dort erweitern. Bei den folgenden Verbandsstellen des Allgemeinen Deutschen Tanzlehrerverbandes (ADTV) können Sie die Anschrift der ADTV-Tanzschule erfahren, die Ihnen am nächsten liegt:

Allgemeiner Deutscher Tanzlehrer-Verband
Geschäftsführung: Heinz Wegener
Oberheidter Str. 34 B
5600 Wuppertal 12
Tel. 02 02/47 63 61

ADTV-Landesverband
Baden-Saar-Pfalz
Peter Wehrle
Straßburger Str. 25
7600 Offenburg
Tel. 07 81/2 25 50

ADTV-Landesverband Bayern
Bernd Mellin
Harmoniestr. 8–10
8500 Nürnberg 20
Tel. 09 11/55 68 60

ADTV-Landesverband Berlin
Klaus Lachmann
Kaiser-Friedrich-Str. 103
1000 Berlin 10
Tel. 0 30/3 41 71 12

ADTV-Landesverband Bremen
Werner Renz
Bornstr. 63/64
2800 Bremen 1
Tel. 04 21/1 22 77

ADTV-Landesverband Hamburg
Rainer Hesse
Paul-Gerhardt-Str. 12
2100 Hamburg 90
Tel. 0 40/7 64 45 91

ADTV-Landesverband Hessen
Barbara Deutsch-Weber
Wilhelmstr. 36
6200 Wiesbaden
Tel. 0 61 21/30 15 53

ADTV-Landesverband Niedersachsen
Winfried Bothe
Walderseestr. 20
3000 Hannover 1
Tel. 05 11/66 37 66

ADTV-Landesverband
Nordrhein-Westfalen
Harald Paulerberg
Danziger Str. 11–13
4100 Duisburg 1
Tel. 02 03/35 62 09

ADTV-Landesverband
Schleswig-Holstein
Dietmar Prasse
Rendsburger Str. 59–61
2350 Neumünster
Tel. 0 43 21/1 49 00

ADTV-Landesverband Württemberg
Hubert Haag
Königstr. 39
7000 Stuttgart 1
Tel. 07 11/22 46 66